UN ÁRBOL
ES HERMOSO

por
JANICE MAY UDRY

Ilustrado por
MARC SIMONT

Traducido por María A. Fiol

Harper Arco Iris
An Imprint of HarperCollins*Publishers*

A Tree Is Nice   Text copyright © 1956 by Janice Udry.   Text copyright renewed 1984 by Janice May Udry.
Illustrations coypright © 1956 by Marc Simont.   Illustrations copyright renewed 1984 by Marc Simont.
Translation by María A. Fiol.   Translation copyright © 1995 by HarperCollins Publishers.   Printed in the U. S. A.
All rights reserved.   Library of Congress Catalog Card Number: 94-78494   ISBN 0-06-025317-7.
ISBN 0-06-443405-2 (pbk.)   5 6 7 8 9 10 ❖   First Spanish Edition, 1995.

Los árboles son hermosos.
A veces ocultan el cielo.

Crecen junto a los ríos, en los valles
y en las laderas de las montañas.

Muchos árboles forman un bosque
y embellecen la naturaleza.

Es hermoso sentirse rodeado de árboles,
pero también es agradable tener aunque sólo
sea uno. Sus hojas verdes susurran con la brisa
durante el verano.

En el otoño, las hojas se caen y jugamos con ellas.
Nos gusta sentir el suave crujido de las mismas.

Las juntamos como si fueran casas. A veces, las apilamos con un rastrillo y hacemos una fogata.

De igual belleza son el tronco y sus ramas.
Sentados en ellas podemos soñar, o jugar a los
piratas. Desde lo alto de un árbol, alcanzamos
a ver muy lejos.

De un manzano,
podemos comer su rica fruta.

Los árboles sirven de refugio a los animales.
Los pájaros pueden hacer sus nidos en ellos.
Y con sus ramas caídas podemos hacer
dibujos en la arena.

De un árbol podemos colgar un columpio,
un cesto de flores o reclinar el azadón
mientras descansamos.

Un árbol es hermoso.
Te protege dándote sombra.

En días calurosos, las vacas descansan
bajo sus ramas.

Cuando vamos al campo, comemos a la sombra de un árbol, mientras el bebé duerme en su cochecito.

Es hermoso tener un árbol cerca de la casa.
No sólo da sombra sino que la mantiene fresca.

En invierno el árbol la protege del viento.

Es hermoso sembrar un árbol.
Abres un hueco grande y lo colocas en él.
Le echas agua, luego tierra y cuando terminas,
guardas la pala en el garaje.

Todos los días, a través de los años,
lo ves crecer, y dices con orgullo:
"Yo sembré ese árbol".

Si quieres, tú también
puedes sembrar un árbol.